NOËL RAOULT

GÉNÉRAL DE DIVISION

NÉ A MEAUX

1810 — 1870

MEAUX
A. LE BLONDEL, IMPRIMEUR-LIBRAIRE

1889

NOËL RAOULT

GÉNÉRAL DE DIVISION

NÉ A MEAUX

1810 — 1870

MEAUX
A. LE BLONDEL, IMPRIMEUR-LIBRAIRE

1889

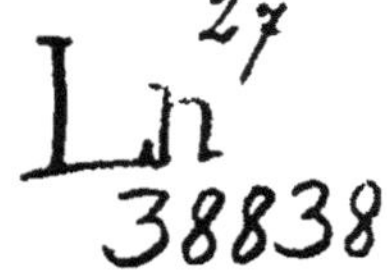

AVIS DE L'ÉDITEUR

Cette plaquette réimprimée en février dernier, au nombre de 12 exemplaires, pour Madame Ducray, est la fidèle reproduction de la notice donnée dans notre *Almanach historique de Seine-et-Marne* en 1871. Il n'y a été fait que deux corrections de peu d'importance, mais nous avons cru devoir ajouter au texte de M. Ducray, l'ami intime de Noël Raoult, la relation des obsèques et le discours prononcé en cette circonstance par le général Auguste de Martimprey.

L'édition de propagande (1) que nous présentons aujourd'hui, imprimée avec l'agrément de Madame Ducray, est augmentée de nouveaux détails récemment publiés par le colonel Duhousset, sur les derniers moments de l'héroïque soldat tombé à Wœrth en défendant le sol de la Patrie.

La municipalité a pris l'initiative d'une souscription qui a pour objet l'érection d'une

(1) Il a été tiré, pour les amateurs, quelques exemplaires sur papier vergé.

statue du général Raoult sur une des places de la ville. Déjà une Commission, composée des noms les plus sympathiques, est nommée. Il nous est très agréable de la faire connaître à nos lecteurs. Nous faisons des vœux pour que cette patriotique souscription soit accueillie avec enthousiasme par tous nos concitoyens.

Commission pour l'érection d'une statue au Général Raoult.

—

Présidents d'honneur :

MM. Foucher de Careil, C. ✱, Sénateur ;
Général Hubert-Castex, C. ✱, commandant les subdivisions de Meaux et de Coulommiers ;
De Boysson, O. ✱, Colonel du 8e Dragons.

Président effectif :

M. **Dufraigne**, Sénateur, ✱, Maire de Meaux.

Membres :

MM. Perrault, adjoint au Maire de Meaux ; **Prevet**, Député, O. ✱ ; Droz, Conseiller général ; **Caron**, Marniesse, Conseillers d'arrondissement ; **Fournier**, **Barbier**, Barigny, Tartier et **Pasquier**, conseillers municipaux.

Général Gallimard, C. ✱ ; Allaire, ✱, Président du Tribunal civil ; Réal, Procureur de la République ; Suzane, ✱, Receveur des Finances ; Lyon, Ingénieur des ponts et chaussées ; **Vesseron**, Président du Syndicat du Commerce et de l'Industrie ; Laclef, avoué honoraire.

Dangeville, Capitaine au 37e régiment territorial d'infanterie ; Paul Petit, Capitaine au 36e régiment ; Duru, Lieutenant au 35e régiment ; **Pinatel**, Sous-Lieutenant au 36e régiment ; **Aubin**, officier d'administration de l'armée territoriale ; **Faussard**, Garde d'artillerie en retraite.

NOTICE BIOGRAPHIQUE

SUR

LE GÉNÉRAL RAOULT

Dès le début de la cruelle guerre de 1870, la France perdait dans Noël Raoult, tombé sur le champ de bataille de Reichshoffen, un général déjà illustre, un de ses plus valeureux capitaines, et la ville de Meaux un des enfants qui lui faisaient le plus d'honneur.

Né le 26 décembre 1810, dans une modeste condition (son père était boulanger), Raoult reçut cependant une brillante et solide instruction, sous la direction d'un de ses oncles qui, après avoir été maître de pension et professeur de rhétorique au collège de Meaux, était devenu recteur de l'académie de Gand.

Son père le destinait au notariat, mais une vocation irrésistible l'entraînant vers l'état militaire, le jeune Raoult quitta bientôt l'étude dans laquelle il avait été placé, pour s'engager, dès la fin de 1830, dans un régiment de ligne où se trouvait, comme officier d'état-major, un de ses compatriotes, M. Edmond de Martimprey, devenu plus tard général de division, sous-gouverneur de l'Algérie. Il devait se distinguer auprès de lui sur de nombreux champs de bataille, en Afrique, en Orient, en Italie.

A peine engagé, Raoult concourut avec succès pour l'Ecole militaire de Saint-Cyr ; il n'en sortit que pour entrer le premier à l'Ecole d'état-major, où il sut jusqu'à la fin se maintenir au premier rang.

En 1834, il arrive en Afrique, parvient rapidement au grade de capitaine, et mérite bientôt d'être décoré pour sa valeur.

Quelque temps après, mis à l'ordre du jour par le maréchal Bugeaud, qui constatait qu'il s'était conduit avec la vigueur d'un jeune officier et l'expérience d'un vieux soldat, il recevait la croix d'officier de la Légion d'honneur (1845).

Lorsqu'il lui conféra cette distinction, le maréchal Soult sut la rendre plus honorable encore, en faisant remarquer que Raoult était le plus jeune capitaine de l'armée qui ait obtenu cette décoration.

Il était attaché depuis longtemps, comme aide-de-camp, au général d'Arbouville, lorsqu'en 1849, dans une lutte contre les insurgés de Lyon, il reçut une blessure qui lui valut le grade de chef d'escadrons.

Au coup d'Etat de décembre 1851, un ministre de la guerre qui redoutait l'honnêteté et la rigidité de principes de Raoult, veut briser son épée; Pélissier et Bosquet s'y opposent; mais ils ne peuvent empêcher que leur protégé soit envoyé en une sorte d'exil à l'état-major de Bayonne.

En 1854 survient la guerre de Russie; le maréchal Bosquet, qui y prend un commandement, exige que Raoult, dont il connaît la capacité, soit placé dans son état-major. Notre compatriote n'eut que le temps de venir embrasser son vieux père à Meaux, de lui dire que, comme toujours, il ferait son devoir, et que s'il revenait, il n'espérait pas, sous le ministère d'un général qui lui était ouvertement hostile, conquérir de nouveaux grades que, dans d'autres circonstances, il eût pu légitimement obtenir.

Le siège de Sébastopol commence; grâce à M. de Martimprey, major-général de l'armée d'Orient, Raoult obtient l'emploi de major de tranchée. C'était un poste d'honneur. Il le conserva pendant onze mois et vingt-deux jours, bravant tous les dangers, et il eut le bonheur de ne recevoir qu'une légère blessure, au milieu des projectiles russes qui tombaient nuit et jour, semant la mort autour de lui.

Cependant le ministre de la guerre meurt; il est temps de rendre justice à notre héroïque compatriote, et, en quelques mois, il obtient successivement le grade de lieutenant-colonel d'état-major, celui de colonel et la croix de commandeur de la Légion d'honneur.

L'Angleterre elle-même, si avare de distinctions honorifiques, le nomme chevalier de l'ordre du Bain.

Revenu en France, après cette rude campagne, il était chef d'état-major à Châlons-sur-Marne, lorsqu'une circonstance fortuite signala Raoult à l'attention de l'empereur, qui paraissait même ignorer son nom : le général Tostleben, célèbre défenseur de Sébastopol, étant à Saint-Cloud, annonça qu'il se proposait d'aller à Châlons voir son ami Raoult, qui avait été son plus rude ennemi pendant le siège.

Inutile de dire que, par suite d'une dépêche, ce fut lui qui fit le voyage de Châlons à Saint-Cloud, bien étonné, tant sa modestie était grande, d'être l'objet d'une semblable courtoisie.

Depuis lors, Raoult, qui participa à l'établissement du camp de Châlons, fut nommé chef d'état-major de la garde impériale, et fit, en cette qualité, la campagne d'Italie, prenant une part glorieuse aux célèbres batailles de Magenta et de Solférino.

Nommé général de brigade, il commanda successivement les départements du Nord, de l'Aisne et des Ardennes (1867).

C'est de Mézières qu'il partit avec sa brigade pour la dernière campagne de Rome.

Promu au grade de général de division en 1869, il était rentré en France, attaché au comité d'état-major, lorsqu'éclata, au mois de juillet 1870, la guerre contre la Prusse.

Le maréchal de Mac-Mahon, qui appréciait la valeur de Raoult, obtint qu'il fût mis à la tête de la 3e division du 1er corps d'armée, qu'il commandait.

Le 22 juillet, il traversait, non sans émotion, sa ville natale. Il ne devait plus la revoir !

Le 6 août, à la bataille de Reichshoffen, alors que, par un effort désespéré, il soutenait la retraite de son héroïque chef de corps, il reçut une blessure à laquelle il succomba le 3 septembre, malgré les soins empressés d'un excellent ami, le commandant Duhousset, qui partageait sa captivité.

Cette notice, faite sur de simples souvenirs, sans les états de service du général Raoult, serait encore plus incomplète, si l'on n'ajoutait qu'à l'instruction la plus solide, il joignait la plus grande modestie, une douceur ineffable dans le caractère, et que s'il fut pour la France un dévoué militaire, il fut aussi pour son père le plus respectueux des fils.

Ses amis l'ont pleuré comme on pleure un frère. Ses compatriotes ne l'oublieront pas.

Un dernier trait caractérise au plus haut point l'abnégation et la modestie du général Raoult : La veille de son départ pour l'armée du Rhin, un ami lui faisait des adieux pleins de tristesse. — Vous avez tort, lui dit-il avec la plus douce résignation ; mon métier est de mourir pour la France. Si je succombe, faites dire une messe basse pour moi, c'est tout ce que je demande.

Cette prière a été exaucée par Mgr Allou, évêque de Meaux, qui a voulu célébrer lui-même cette messe dans sa chapelle, en présence de parents et d'amis dont Monseigneur a augmenté l'émotion par quelques paroles sympathiques pour celui qui était un brave général et un chrétien modeste.

Il faut espérer qu'un jour ses cendres, restées près du champ de bataille où il a glorieusement succombé, reposeront à Meaux, auprès de sa famille et au milieu de ses compatriotes, justement fiers de lui.

DUCRAY.

Meaux, janvier 1871.

*
* *

Le général Raoult était de la trempe de nos héroïques soldats de Jemmapes et de Valmy. Il est tombé en brave sur le champ de bataille de Wœrth, en faisant face à l'ennemi.

Pendant toute la journée (6 août), le général

s'était tenu aux premiers rangs des combattants : il est quatre heures et demie, nos troupes battent en retraite depuis longtemps : tout est désespéré ; Raoult, que ses soldats veulent entraîner dans la retraite, réunit autour de lui quelques hommes qui, revenant à l'ennemi, vont une dernière fois tenter un suprême effort : une nouvelle lutte s'engage ; cette poignée de braves, que le général, impassible au milieu du feu, anime de son courage, est décimée par les balles : tout à coup il tombe, atteint par un projectile qui lui brise la cuisse.

C'est alors que le commandant Duhousset, du 48e de ligne, aperçoit Raoult étendu sur la route et couvert du sang qui s'échappe de sa large blessure : malgré sa résistance, le commandant entraîne le général dans l'angle d'une maison pour le mettre à l'abri. En ce moment une compagnie de Bavarois s'avance et fait feu : le commandant agite son mouchoir pour faire comprendre à l'ennemi qu'ils sont hors de combat ; le capitaine bavarois arrête ses hommes, qui se précipitaient déjà sur eux pour les dépouiller, et reçoit l'épée du général que lui présente le commandant Duhousset.

Le général von der Thann, qui avait été en Afrique le compagnon d'armes de Raoult, arrive et déplore la triste destinée qui les met en présence comme ennemis. Il fait transporter le général dans la maison la plus rapprochée, sous la garde d'un officier, et prévient le prince royal.

Le prince, accourant aussitôt, félicite en quelques généreuses paroles le glorieux vaincu dont il a pu apprécier le mérite : et, Raoult lui ayant présenté le commandant Duhousset comme son aide-de-camp : « Monsieur le major, dit le prince, en raison de votre belle conduite, je vous rends votre liberté. » Puis il se retire, laissant Raoult aux mains de son propre chirurgien.

Après un premier pansement, Raoult fut transporté à l'ambulance du château du comte de Leusse, où il fut l'objet des soins les plus assidus. Mais la gravité de la blessure, accrue par les fatigues d'un voyage pénible, accompli à travers un pays portant les traces nombreuses de la bataille qui vient de finir, laisse peu d'espoir de conserver une vie qui s'était si généreusement dévouée.

A la fin du mois d'août, les forces du blessé déclinèrent rapidement : sa robuste constitution était définitivement vaincue.

Le 2 septembre, le typhus se déclara à l'ambulance : tous les blessés qui purent supporter le transport furent évacués.

Le lendemain vers minuit, le général, très agité depuis quelque temps, arracha le bandage qui recouvrait ses plaies : puis, épuisé par cette agitation, il ferma les yeux : sa respiration, d'abord saccadée, s'abaissa graduellement : à une heure il expira..... Pendant sa longue agonie d'un mois, sa bouche n'avait pas proféré une plainte.

Le 4 septembre, tout ce que l'ennemi comptait d'officiers et de soldats valides autour de Reichshoffen fut convoqué pour rendre les derniers honneurs au courageux soldat, qui emportait dans une mort glorieuse les regrets de la France vaincue et l'admiration d'un vainqueur dont la courtoisie, pleine de délicatesse, avait adouci ses derniers moments.

***

Les vœux exprimés par son intime ami, M. Ducray, se sont réalisés. Les restes mortels de notre illustre compatriote reposent dans le cimetière de Meaux.

Le 9 mai 1871, à deux heures, une affluence considérable, où l'on remarquait les personnes les plus considérables de la ville, mêlées aux commerçants et aux ouvriers, suivait le cercueil, arrivé le matin même à la gare. Le convoi prit le chemin du cimetière, en parcourant les rues Saint-Remy et Bossuet. Les cordons du char funèbre étaient tenus par M. Clément Petit, receveur des finances, M. Charles Testart, commandant du bataillon des mobiles de l'arrondissement de Meaux, M. le vicomte Paultre de Lamotte, ancien capitaine d'artillerie, qui avait repris du service pendant la guerre, et le commandant Duhousset, dont le noble dévouement consola les derniers jours de Raoult.

Six mois après, le 6 novembre, les obsèques furent célébrées à la cathédrale. Nous copions dans un journal de la localité le récit de cette émouvante cérémonie :

« Lundi, 6 novembre, ont eu lieu à Meaux les obsèques du général de division Raoult, mort le 3 septembre 1870 des suites de la blessure qu'il avait reçue le 6 août, à la bataille de Reichshoffen,

Ses restes mortels, ramenés ici par les soins pieux d'un ami fidèle, avaient été déposés dans un caveau provisoire, en attendant le jour où nous pourrions, affranchis de la présence de l'ennemi. rendre à notre glorieux compatriote les honneurs qui lui étaient dus.

La famille et les amis du général, en donnant satisfaction à leur affection par cette cérémonie funèbre, ont répondu aux légitimes désirs de la cité attristée, mais fière de ce fils tombé devant l'ennemi pour le salut commun. Sans distinction de fortune ou de naissance, le général Raoult était parvenu aux plus hauts grades militaires par son honnêteté, son travail et ses qualités éminentes; chacun sentait qu'il était bon de proposer publiquement son exemple à toute la génération, et de donner ainsi à cet homme d'élite, par ce spectacle moralisateur, la plus noble des sépultures, la mémoire des hommes. De pareilles funérailles sont une exhortation pleine d'autorité pour les vivants : elles rappellent à tous des vertus trop souvent oubliées : la modestie que suggère le vrai mérite, l'amour de l'étude, le sentiment du devoir, la soumission à la loi et aux chefs qui en sont la personnification, enfin l'abnégation et le dévouement sans bornes à la Patrie !

Une foule considérable venue de tous les points de l'arrondissement s'était jointe aux habitants de la ville entière pour prendre sa part de leur deuil. C'était plus qu'un hommage rendu au général Raoult, c'était une véritable manifestation patriotique dans la meilleure acception du mot : On honorait dans la personne du général tous les vaillants soldats morts comme lui au champ d'honneur ; et dans toutes les âmes, unies par un même sentiment, s'élevaient, au-dessus des souvenirs que rappelait le cercueil, l'image de la France surprise plutôt que vaincue et l'espoir en des jours plus radieux.

Parmi les assistants, nous avons remarqué M. Fabre, lieutenant-colonel d'état-major du ministre de la guerre, représentant le général de Cissey ; M. Alexis Colson, ancien chef du personnel au ministère de la guerre ; M. Oscar de La Fayette, député de Seine-et-Marne ; M. le Sous-Préfet ; tous les officiers de cavalerie en garnison à Meaux ; le commandant et les officiers de la garde mobile de l'arrondissement ; et un grand nombre de militaires, capitaines et simples soldats, arrivés le matin de Paris pour honorer le convoi de leur frère d'armes, qu'escortaient plusieurs escadrons des chasseurs commandés par le colonel de Bailliancourt.

Les membres du Conseil général, retenus à Melun par leurs travaux, avaient envoyé une lettre d'excuse.

La ville était spécialement représentée par le maire à la tête du Conseil municipal, par le corps des sapeurs-pompiers et par les représentants de toutes les administrations ; suivait la foule pressée des citoyens.

Après l'office, célébré par M. le Curé, et auquel assistait Mgr Allou avec ses vicaires généraux, le convoi s'est dirigé vers le cimetière par la rue Saint-Remy et le cours Pinteville. Sur le parcours s'était formée une double haie de tous ceux qui n'avaient pu trouver place dans l'église cathédrale et qui cependant avaient tenu à donner une marque non équivoque de sympathie au courage malheureux, aux vertus civiques et militaires du général.

Le deuil était conduit par MM. Courtin et Mirault, beaux-frères du général, et par le conseil municipal de Meaux. Les coins du poële étaient tenus par M. le général de division Auguste de Martimprey, M. Geoffroy, maire de Meaux, M. le colonel de Ricaumont, du 7e chasseurs, et M. le lieutenant-colonel Duhousset, qui a relevé sur le champ de bataille le général blessé et ne l'a quitté qu'après sa mort. »

Des discours furent prononcés par M. Geoffroy, maire, au nom de la ville de Meaux, par M. le général Auguste de Martimprey, au nom de l'armée, et par M. Oscar de La Fayette, député, au nom des députés de Seine-et-Marne. Nous croyons devoir reproduire le discours du général Auguste de Martimprey, qui contient d'ailleurs les états de service de Noël Raoult :

« Messieurs,

Je prends la parole à titre de compagnon d'armes de celui auquel nous rendons les derniers honneurs, et à titre de soldat : c'est mon devoir.

Ce devoir d'ailleurs, je l'avoue, m'est très précieux, puisqu'il me permet de parler publiquement d'un homme, d'un camarade que j'aimais infiniment et que j'estimais plus encore.

Vous savez tous l'origine de Raoult, origine aussi honorable qu'elle était modeste et une des meilleures, selon moi, parce que c'est là qu'on apprend le mieux que pour faire sa place dans le monde, il ne faut compter que sur soi, sa conduite et son travail.

Ce fut en effet la règle qu'il adopta dès sa jeunesse et qu'il pratiqua toute sa vie.

Ce fut aux soins et à la tendresse d'un de ses oncles qu'il dut d'acquérir une instruction aussi solide que brillante. Il en fut toujours profondément reconnaissant.

Cette instruction lui eût permis d'aborder toute carrière. Celle qu'il préféra fut celle des armes et il avait 20 ans quand, en 1830, il s'engagea dans le 11e d'infanterie de ligne.

Il y avait alors dans ce régiment un jeune officier d'état-major qui y faisait son stage (1). Ce jeune officier qui, permettez-moi de le dire, avait aussi en lui l'étoffe d'un homme de valeur, s'attacha au jeune engagé volontaire, non pas seulement en sa qualité de compatriote, mais pour tout ce qu'il lui reconnut de bon : il lui conseilla de travailler pour l'Ecole militaire et l'y aida de toutes ses forces.

Avec le caractère de Raoult, vouloir c'était pouvoir. Aussi entrait-il à Saint-Cyr en 1833, d'où, deux ans après, il passait avec le numéro 1 à l'Ecole d'état-major.

(1) Le général de division Edmond de Martimprey, gouverneur des Invalides. (Les deux généraux de Martimprey sont aussi nés à Meaux.)

Je ne saurais mieux vous le faire suivre maintenant, qu'en reproduisant textuellement le relevé de ses états de service :

Lieutenant d'état-major, 1er janvier 1838 ;
Capitaine, 26 avril 1841 ;
Capitaine de 1re classe, 11 octobre 1847 ;
Chef d'escadrons, 12 septembre 1849 ;
Lieutenant-colonel, 14 août 1854 ;
Major de tranchée devant Sébastopol, 8 octobre 1854 ;
Colonel à la disposition du commandant en chef de l'armée d'Orient, 19 septembre 1855 ;
Chef d'état-major de la 3e division d'infanterie du 1er corps de l'armée d'Orient, 24 septembre 1855 ;
Chef d'état-major de la 4e division militaire, 20 juin 1856 ;
Chef d'état-major général de la garde, 18 août 1857 ;
Général de brigade, 12 mai 1860 ;
Commandant une brigade d'infanterie au corps expéditionnaire de Rome, 19 octobre 1867 ;
Général de division, 2 août 1869 ;
Commandant la 3e division d'infanterie du 1er corps de l'armée du Rhin, 25 juillet 1870 ;
Mort des suites de ses blessures reçues à la bataille de Reischshoffen, 3 septembre 1870.

Campagnes : 1838, 39, 40, 41, 42, 43, 44, 45, 46, 47, 48 en Afrique ; 1854, 55, 56 en Orient ; 1859 en Italie ; 1868, 69, à Rome ; 1870, armée du Rhin.
Dix-huit campagnes effectives.

Blessures :

Blessé d'un coup de yatagan le 3 mai 1841 ;
Une contusion au front à l'attaque de la Croix-Rousse, à Lyon, le 15 juin 1849 ;
Blessé d'un éclat d'obus à la tête à l'attaque du cimetière de Sébastopol, le 23 mai 1855 ;
Blessé par un biscaïen à la cuisse gauche à l'assaut de Sébastopol, le 8 septembre 1855 ;
Blessé à la bataille de Reischshoffen, le 6 août 1870. — Cinq blessures.

Citations :

Cité au rapport du gouverneur général de l'Algérie le 13 mai 1841, pour avoir sauvé la vie à un chasseur d'Afrique et tué trois Arabes au combat du 3 mai ;
Cité au rapport du gouverneur général de l'Algérie, le 18 juillet 1843 ;
Cité au rapport du général d'Arbouville, le 9 septembre 1842 ;

Cité au rapport du 5 août 1843, comme s'étant distingué au combat du 26 juillet contre la tribu des Ouled-Rabba;
Cité au rapport du 18 mai 1844, pour sa belle conduite au combat livré le 17 mai à Ouarezzeddine;
Cité au rapport du 27 juin 1845, à l'occasion des opérations dans le Dahra;
Cité à l'ordre général de l'armée d'Orient pour sa belle conduite au combat de nuit du 1er au 2 mai 1855;
Cité à l'ordre général de l'armée d'Orient pour sa valeureuse conduite dans les glorieuses nuits du 22 au 23 et du 23 au 24 mai 1855. — Sept citations.

Chevalier de la Légion d'honneur, 28 mai 1841; Officier, 20 août 1845; Commandeur, 29 décembre 1855; Médaille d'Italie, 1859; Décoration du medjidjé de 4e classe, 5 octobre 1855; Médaille de Crimée, 1855; Chevalier de l'ordre du Bain, 30 avril 1856; Médaille de la valeur militaire de Sardaigne, 10 juin 1857; Médaille instituée par Sa Sainteté le Pape, 1868.

Ajouter un seul mot à la lecture de ces magnifiques états de service, ne serait-ce pas amoindrir la vive impression qu'elle a dû vous produire?

Que d'enseignements, cependant, ne pourrait-on pas tirer de cette belle existence?

Quel contraste, en effet, entre cette élévation si laborieusement, si dignement conquise, et ces ambitions mesquines qui, incapables de monter, voudraient abaisser la société à cet insensé niveau égalitaire d'où, s'il n'était avant tout impossible, ne sortiraient que des ruines!

Quel contraste entre cette noble volonté de rester perdu dans la foule avec tant de titres pour se mettre au premier rang, et ces compétitions aux emplois, aux positions, aux honneurs, que n'autorise aucun service rendu, que ne justifie aucune aptitude suffisante, et non moins déplorables par la mauvaise foi qu'on y apporte que scandaleuses par les moyens qu'on y emploie!

Mais je m'arrête; car vous devez être de cet

avis, qu'en présence du néant de ce monde, des mystères et des espérances de l'éternité, la pensée doit se détourner des faiblesses humaines.

Comme tous les gens de mérite, Raoult se tenait à l'écart. Plus que modeste, presque timide, il attendait qu'on vînt le chercher. Il lui fallait connaître son monde pour laisser à son esprit la liberté de se produire ; mais alors sa conversation, toujours simple et parfois finement enjouée, révélait une véritable richesse de savoir.

Il existe souvent, dans le maintien et l'attitude naturels des gens, comme un reflet de leur caractère. Pour lui, il en était ainsi ; et, sous cette apparence de calme, de froideur, je dirais presque d'austérité, il était impossible de ne pas reconnaître l'homme du devoir et de la conscience. Il avait effectivement ces deux sentiments au plus haut point, et il les pratiquait jusqu'à l'inflexibilité. Cette inflexibilité, toutefois, ne s'appliquait qu'à lui-même, car aux autres il était indulgent.

Les carrières qui comportent de rudes épreuves, de nombreux et impérieux devoirs, des scènes émouvantes et de grands dangers, ont cela de particulier qu'elles élèvent les âmes, y fortifient ou y font surgir les croyances religieuses. Aussi, n'est-ce pas parmi ceux qui ont pratiqué toute leur vie celle des armes qu'on rencontre ordinairement ce qu'on appelle des esprits forts.

Chez Raoult, où ces croyances existaient depuis l'enfance, elles n'avaient donc pu que s'affermir ; et, en effet, le courage stoïque, la résignation admirable avec lesquelles il supporta les cruelles souffrances que lui avait infligées une terrible blessure, la mort qu'il reçut en chrétien, en furent la preuve irrécusable.

Messieurs,

L'hommage que vous apportez ici est non seulement un acte de justice, mais, j'ose l'affirmer, l'accomplissement d'un devoir. Oui! nous devions au général de division Raoult, à notre compatriote, ce tribut d'estime et de respect, parce qu'après avoir consacré son existence au service de la patrie, avoir plusieurs fois versé son sang pour elle, il est mort glorieusement en la défendant ; parce que toute sa vie a été la pratique la plus parfaite de la droiture et du dévouement ; parce qu'enfin il est du nombre de ceux dont notre pays peut s'honorer. »

* * *

A la hauteur du premier étage d'une maison située rue Saint-Nicolas, n° 30, est encastré, dans le mur de la façade, un petit monument épigraphique. On a gravé en lettres d'or sur ce marbre l'inscription suivante :

DANS CETTE MAISON
EST NÉ LE 26 DÉCEMBRE 1810
NOEL RAOULT
GÉNÉRAL DE DIVISION
TUÉ A L'ENNEMI (*)
LE 3 SEPTEMBRE 1870.

(*) Le général Raoult n'a pas été tué à l'ennemi. Très grièvement blessé le 6 août, comme nous le disons plus haut, il succomba le 3 septembre suivant. Nous signalons cette erreur à l'auteur de l'inscription : il serait bon de la rectifier.

Cette plaque commémorative n'est pas le seul témoignage consacré au souvenir du général Raoult par ses compatriotes : un boulevard de la ville de Meaux porte son nom ; son buste, en marbre blanc, œuvre de E. Godin, de Melun, se voit dans le grand salon de notre hôtel de ville.

Mais la ville de Meaux veut honorer plus encore son fils, elle veut lui élever un monument digne de sa mémoire. Une souscription, dont la municipalité prend l'initiative, va être ouverte très prochainement ; elle est attendue, elle sera acclamée.

« Raoult laisse aux Meldois un nom qui sera leur éternel honneur ; ils n'oublieront ni cette vie glorieuse, ni cette mort héroïque » : Inspirons-nous de ces belles paroles que nous détachons du discours prononcé par Oscar de Lafayette sur sa tombe. Que le riche comme l'ouvrier apporte chacun son obole, et bientôt sur l'une des places de la ville se dressera la statue en bronze du brave et glorieux général Raoult. Ainsi que les autres villes du département, sachons honorer nos grands morts.

A. B.

www.ingramcontent.com/pod-product-compliance
Ingram Content Group UK Ltd.
Pitfield, Milton Keynes, MK11 3LW, UK
UKHW020530180726
13839UKWH00005B/2418

9 782329 508412